Ein Ersatz

für das

Tabakmonopol.

Steuerpolitischer Vorschlag

von

Carl Ernst.

Straßburg
bei Karl J. Trübner.
1882.

Bei der gewaltigen Aufregung, die der kürzlich veröffentlichte Gesetzesentwurf, das Tabakmonopol betreffend, in ganz Deutschland verursacht hat und bei dem vielfachen Widerstand, dem die Idee des Tabakmonopols noch immer begegnet, trotzdem die Frage schon seit Jahr und Tag die Gemüther beschäftigt, ist es nothwendig, sich auf's Neue zu fragen, ob es gerechtfertigt, ob es absolut nöthig ist, die Hand an eine Industrie zu legen, die so innig mit dem Volke verwachsen ist, daß eine Sonderung der Staats- und Privatinteressen nur mit großen Opfern erkauft werden kann.

Kann nicht vielmehr eine Industrie gefunden werden, die — ähnlich wie die Tabakindustrie in Frankreich und Oesterreich zur Zeit der Einführung des Monopols in diesen Ländern — erst im A n f a n g s s t a d i u m i h r e r E n t w i c k l u n g steht und von der mit Sicherheit angenommen werden kann, daß sie eine großartige Ausdehnung haben wird?

Wenn die Berechtigung und die Wichtigkeit dieser Frage anerkannt wird, so ist es auch von Wichtigkeit den Vorschlag, den wir in diesen Blättern machen, unbefangen und ohne Vorurtheil zu prüfen, und darum bitten wir. — Wir wollen nicht neuen Zündstoff herbeitragen, wir wollen den Kampf nicht erbitterter machen, sondern wir wollen versuchen einen Weg zu zeigen, der vielleicht zur Versöhnung aller Interessen führt.

Unseres Erachtens ist eine Industrie, die bis jetzt nur noch von Wenigen ausgebeutet wird und die in sich selbst den Keim zur großartigsten Entwicklung trägt, eine Zukunftsindustrie, wenn wir uns so ausdrücken dürfen, vorhanden — und zwar ist dies die „Elektrische Industrie".

Bei den staunenswerthen Fortschritten, die die Wissenschaft gerade in diesem Zweige in den allerletzten Jahren insofern gemacht hat, daß theoretisch Bekanntes der Praxis zugänglich gemacht wurde, erscheint es uns außer allem Zweifel, daß wir am Anfang einer „Elektrischen Periode" stehen, wie wir vor achtzig Jahren am Anfang der „Dampfzeit" standen.

Unser Vorschlag geht deshalb dahin, den Grundsatz aufzustellen: „die gewerbsmäßige Ausbeutung der Elektricität darf nur durch den Staat geschehen." Wir sind überzeugt, es wäre dadurch für das deutsche Reich eine Quelle reicher, auf lange Zeit hinaus steigender Einnahmen geschaffen.

Es ist wohl kaum zu bestreiten, daß man es als eine höchst harmlose Sache angesehen hätte, wenn vor achtzig Jahren ein Gesetz erlassen worden wäre, wonach die Dampfkraft nur durch den Staat hätte ausgebeutet werden dürfen — und welche Einnahmen böte das heute! — Heute ließe sich das natürlich nicht mehr einführen, daß aber ein solches Gesetz seiner Zeit möglich gewesen wäre, und daß dabei eine — wenn auch ganz anders geartete — kräftige industrielle Entwicklung möglich gewesen wäre, das ist wohl zweifellos.

Thatsächlich ist die staatliche Ausbeutung der Elektricität bei Telegraph und Telephon schon der Fall; es wäre nur ein konsequentes Weiterbauen, wenn auch die andern Zweige dieser Industrie dem Staat dienlich gemacht würden, mit andern Worten, wenn das „Elektromonopol" eingeführt würde.

Das elektrische Licht würde wohl zunächst sichere Einnahmen ergeben. Darstellung von Wärme und Kraft durch die Elektricität ist bis jetzt der Praxis noch nicht in größerem Umfang zugänglich gemacht, allein auf der elektrischen Ausstellung in Paris konnte man sich mit Leichtigkeit davon überzeugen, daß es sich hier nicht nur um theoretische Studien handelt, sondern daß wir da ebenfalls am Anfang eines weiten Arbeitsfeldes, einer großen praktischen Thätigkeit und Entwicklung stehen.

Es ist nur die Frage einer verhältnißmäßig kurzen Zeit, daß das elektrische Licht das Gas verdrängt haben wird.

Mit Leichtigkeit könnte der Staat dessen Ausbreitung befördern. So würde es z. B. gewiß von Tausenden freudig begrüßt werden, wenn die zwangsweise Erleuchtung mit elektrischem Licht bei den Theatern eingeführt würde; die Katastrophe in Wien ist noch in aller Gedächtniß!

Seit der Theilbarkeit des elektrischen Lichtes ist ihm der Weg geöffnet in alle Fabriken, in alle Sääle, in die Wohnung des Reichen und in die Hütte des Arbeiters! — Wenige Jahre noch und das elektrische Licht hat seinen Siegeszug gehalten, glänzender und leuchtender wie Gas und wie Petroleum.

Die Gasfabriken haben auf Entschädigung keinen Anspruch, denn ihr Betrieb wird ihnen nicht untersagt. Es ist eine Konkurrenz, die auftritt, und da ist es ziemlich einerlei, wer die Konkurrenz macht, ob der Staat, ob ein Anderer.

Zu entschädigen wären nur eine geringe Anzahl solcher Etablissements, die sich bereits mit der elektrischen Industrie beschäftigen. — Höchst wahrscheinlich würden diese wenigen derartigen Etablissements am zweckmäßigsten in den Besitz des Staates übergehen.

So hätte das Elektromonopol den großen Vorzug, daß es eine Industrie berührte, die zum Theil schon in den Händen des Staates ist, die weiter im Anfangsstadium einer neuen Entwicklung steht, deren Ausdehnung voraussichtlich enorm sein wird, daß es nicht die Existenzen zahlloser Staatsbürger gefährdete und dabei die Entschädigungsfrage nur eine ganz unerhebliche Rolle spielen würde!

Das scheinen uns alles Gründe, die unsern Vorschlag ernster Würdigung werth machen.

Man kann einwenden, und wir geben zu daß uns selbst das Bedenken zuerst gekommen war, daß die Entwicklung der elektrischen Industrie gehemmt werde, wenn nicht mehr der treibende Sporn der freien Konkurrenz vorhanden ist, man kann behaupten, daß Deutschland in der Fortbildung dieser Industrie hinter jenen Ländern zurückbliebe, in denen das Elektromonopol nicht ist. — Allein bei richtiger Behandlung glauben wir an diese Gefahr nicht.

Wir denken uns an der Spitze des Elektromonopols eine Verwaltung, bestehend aus hervorragenden Männern der Wissenschaft und der Praxis. Die Ernennung erfolgte zum Theil von der Reichsregierung, zum Theil vom Reichstag. Diese Verwaltung hätte als Direktive: „Die Elektricität im Dienste der Praxis möglichst auszunutzen und sie dem einzelnen Konsumenten möglichst billig zugänglich zu machen.“

Mit einer solchen Instruktion müßte die Elektromonopolverwaltung immer auf der Höhe der Zeit bleiben. Uebrigens hätte, bei der enormen Kaufkraft, die das Deutsche Reich besäße, jeder Erfinder der Welt das größte Interesse daran, seine Erfindung zuerst in Deutschland anzubieten. Kauft

Deutschland, so ist der Erfinder ein reicher Mann; verwirft Deutschland seine Erfindung, so wird er in anderen Staaten wohl schwer sein Glück damit machen.

Es darf auch wohl darauf hingewiesen werden, daß Deutschland weder im Telegraphen- noch im Telephonwesen hinter anderen Staaten zurückgeblieben ist, sondern es steht damit an der Spitze der praktischsten und leistungsfähigsten Völker.

So haben wir das feste Zutrauen, daß Deutschlands Wohlfahrt und industrielle Größe auch bei Einführung des Elektromonopols immer dem Rang entsprechen werden, der Deutschland vermöge seiner Macht und der Gesittung seiner Bewohner im friedlichen Wettkampf der Nationen gebührt.

Straßburg, Druck von J. H. Ed. Heitz.

FSC
www.fsc.org
MIX
Papier | Fördert gute Waldnutzung
FSC® C083411

Kolibri 360 GmbH
Ferdinand-Jühlke-Straße 7
99095 Erfurt, Deutschland
produktsicherheit@kolibri360.de